LETTER
Tracing for Pre-k

This Book Belongs To:

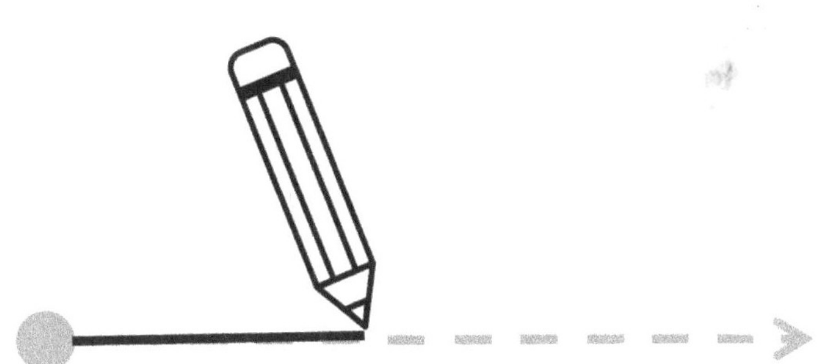

A a is for Animals

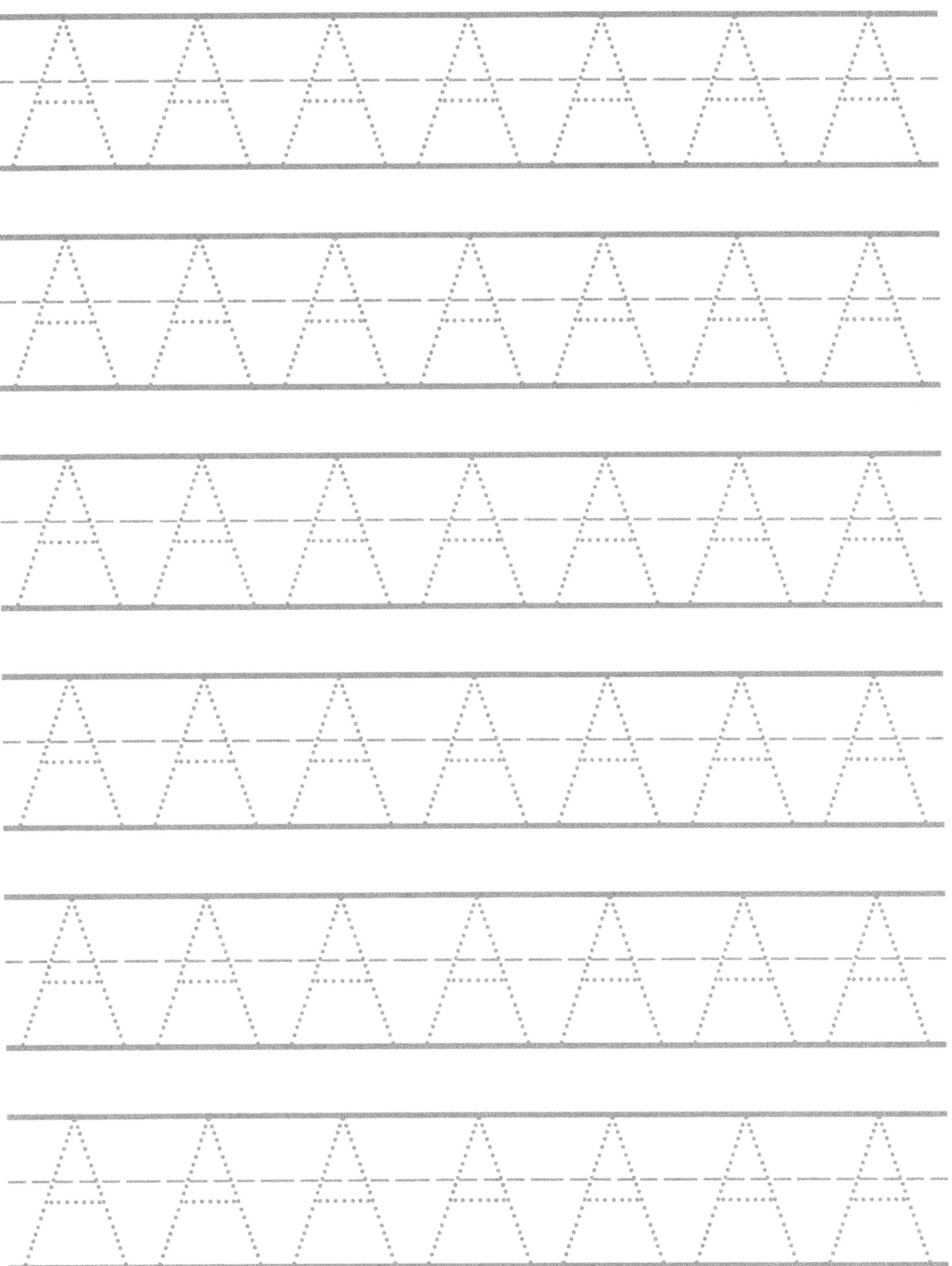

a a a a a a a

a a a a a a a

a a a a a a a

a a a a a a a

a a a a a a a

Bb is for
Bat

B B B B B B B B

B B B B B B B B

B B B B B B B B

B B B B B B B B

B B B B B B B B

B B B B B B B B

b b b b b b b

b b b b b b b

b b b b b b b

b b b b b b b

b b b b b b b

b b b b b b b

C C
is for
Cow

C C C C C C C

C C C C C C C

C C C C C C C

C C C C C C C

C C C C C C C

C C C C C C C

Dd is for Dolphin

D D D D D D D

D D D D D D D

D D D D D D D

D D D D D D D

D D D D D D D

D D D D D D D

Ee is for Egg

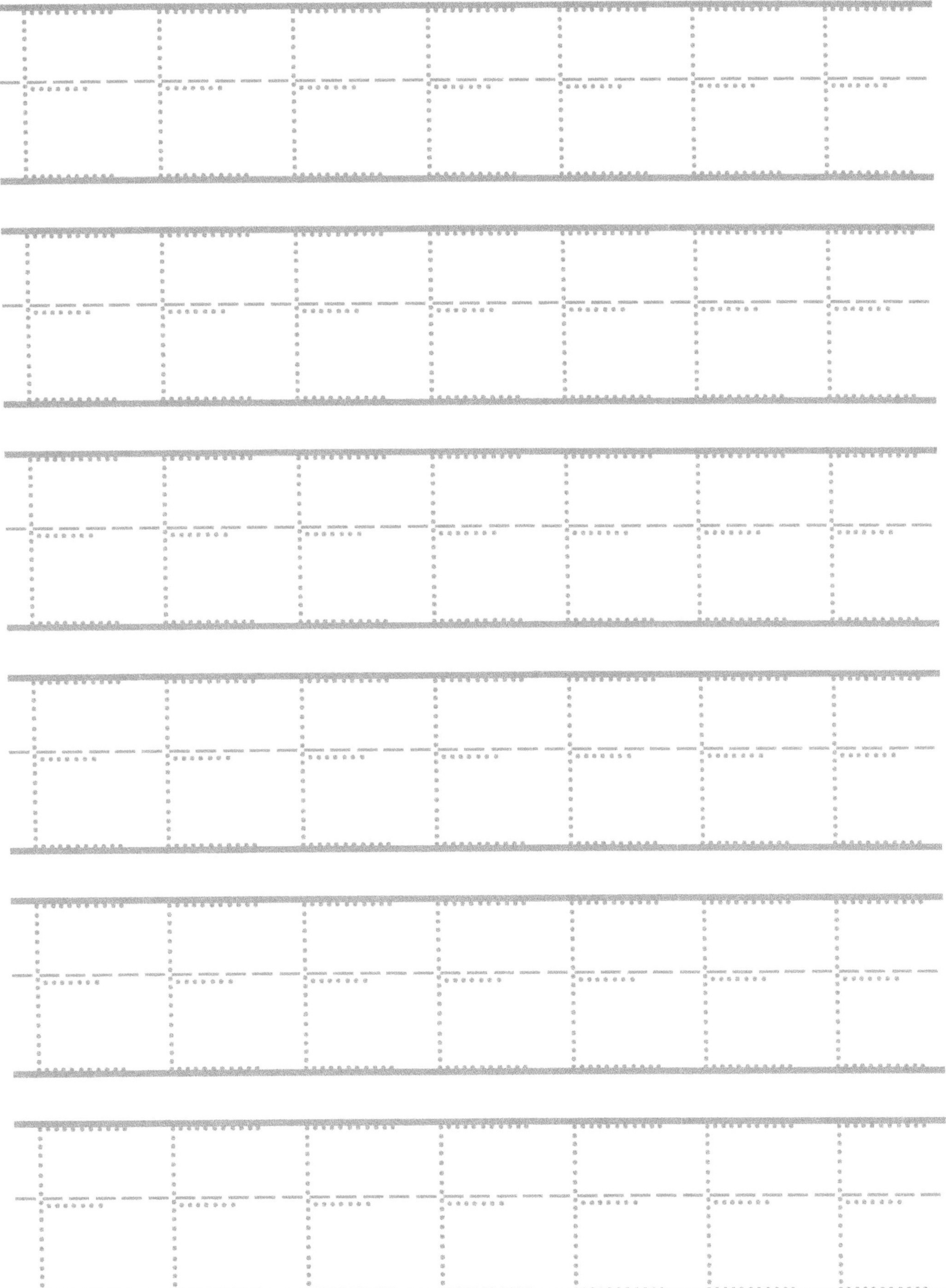

F f
is for
Fish

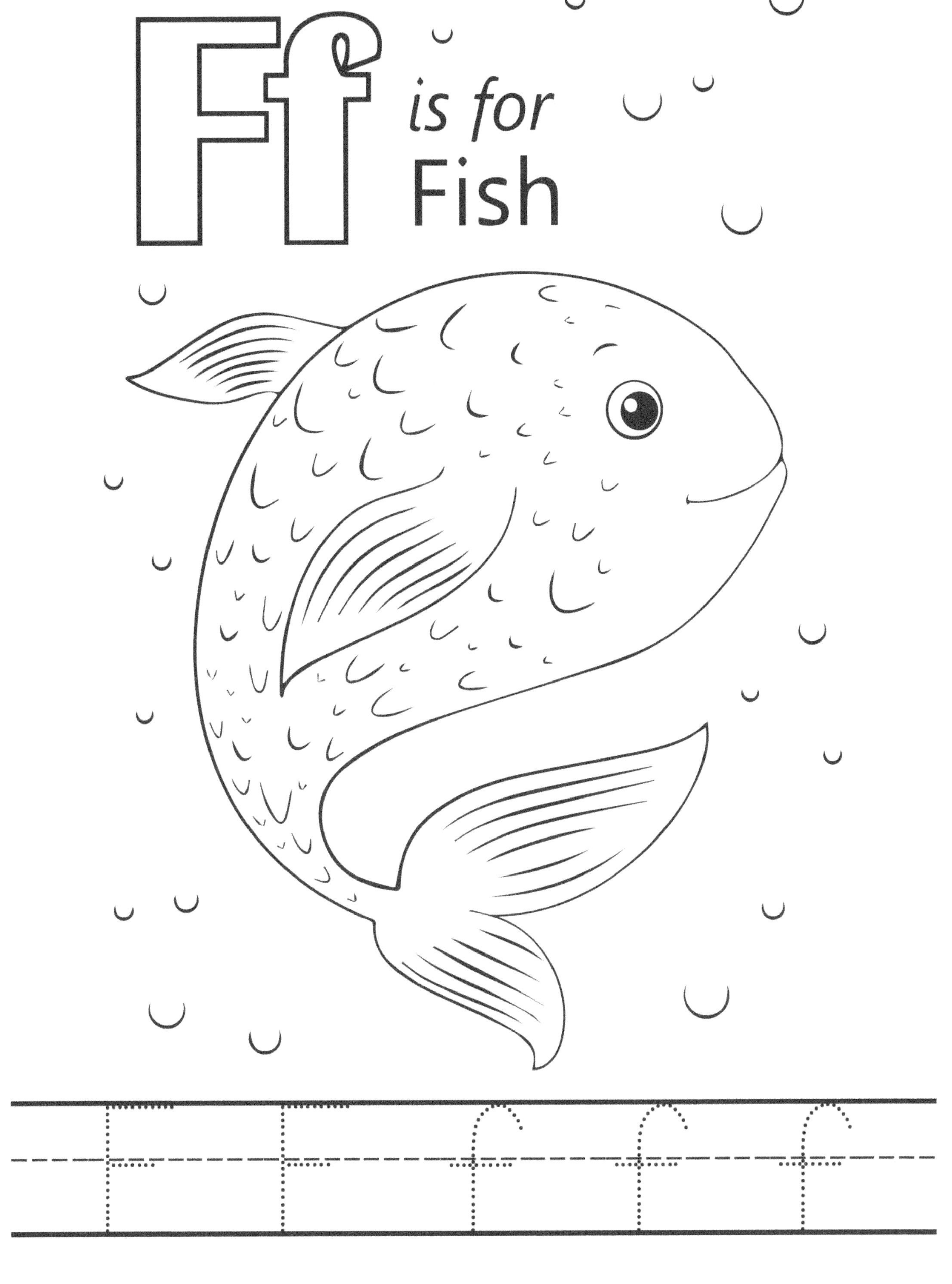

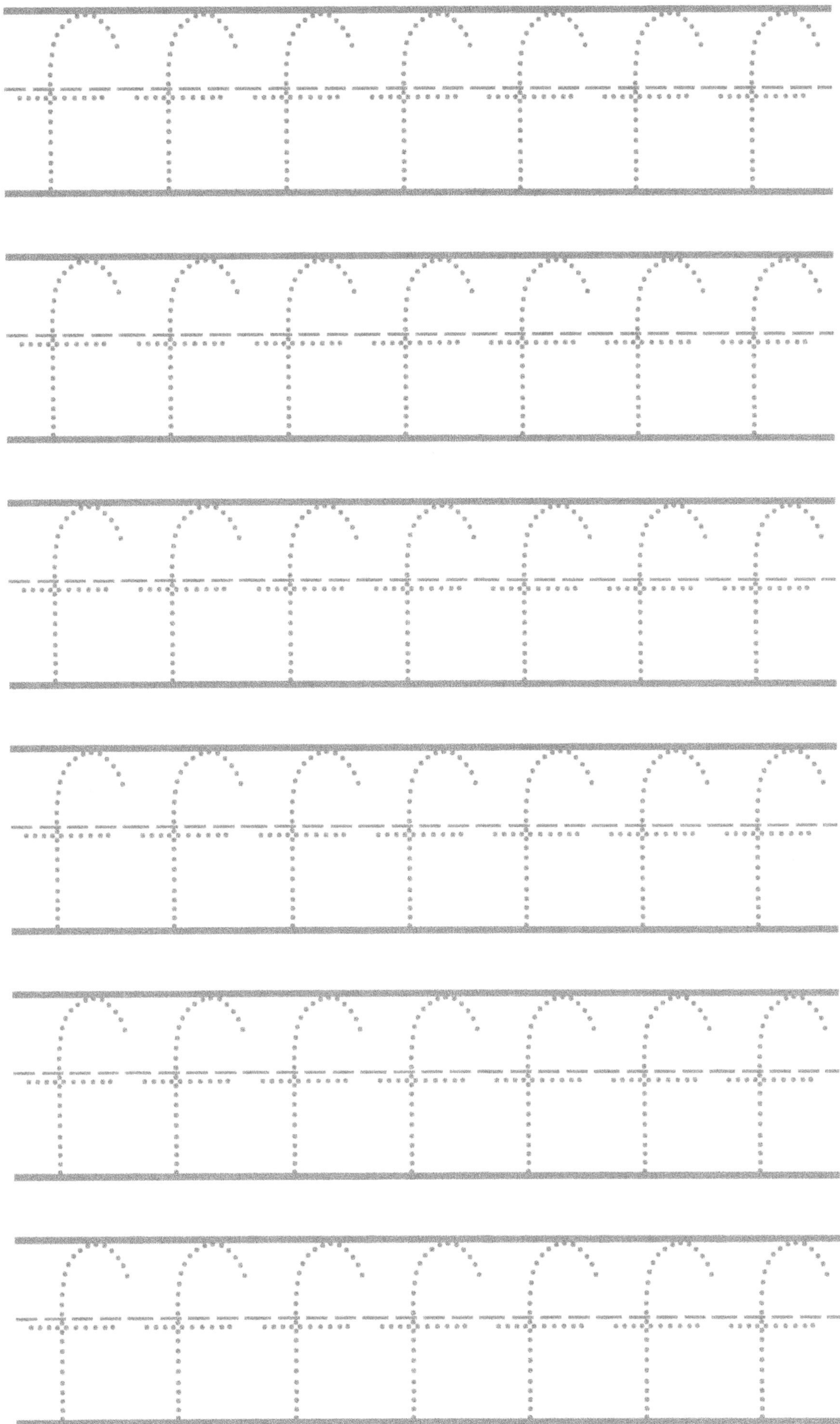

G g

is for
Goat

G G g g g

G G G G G G G

G G G G G G G

G G G G G G G

G G G G G G G

G G G G G G G

G G G G G G G

g g g g g g g

g g g g g g g

g g g g g g g

g g g g g g g

g g g g g g g

H h is for Horse

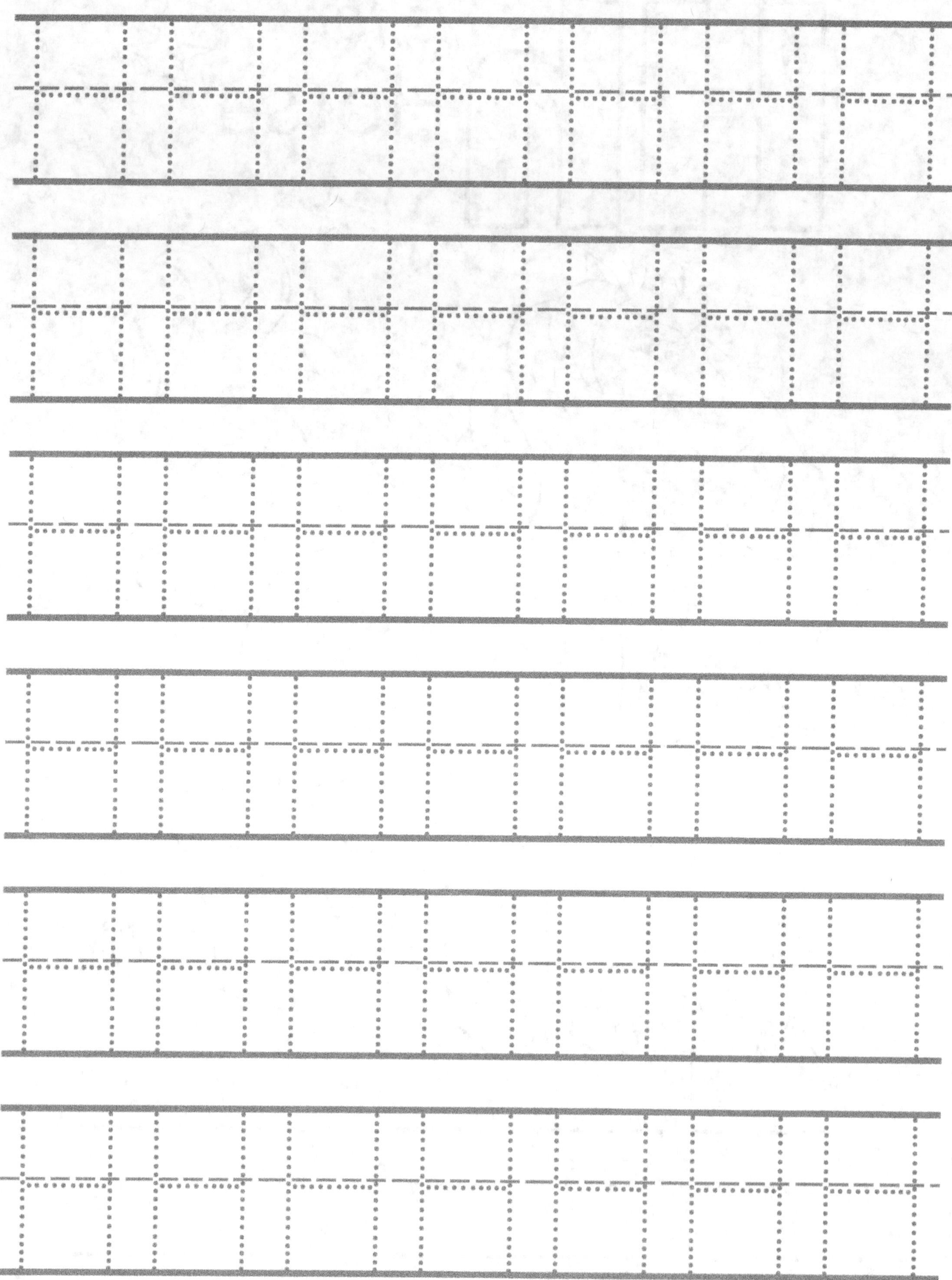

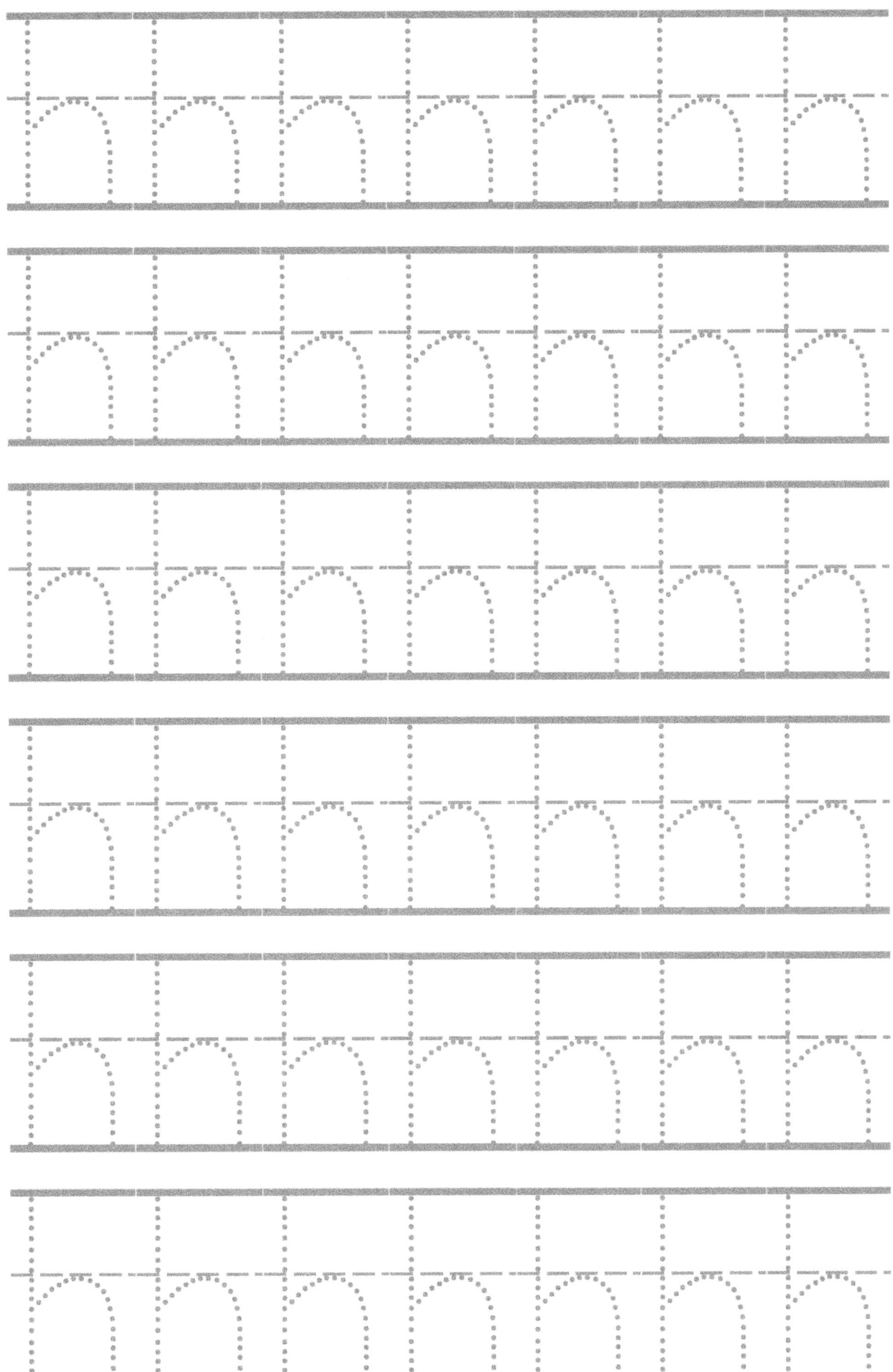

Ii is for Ice cream

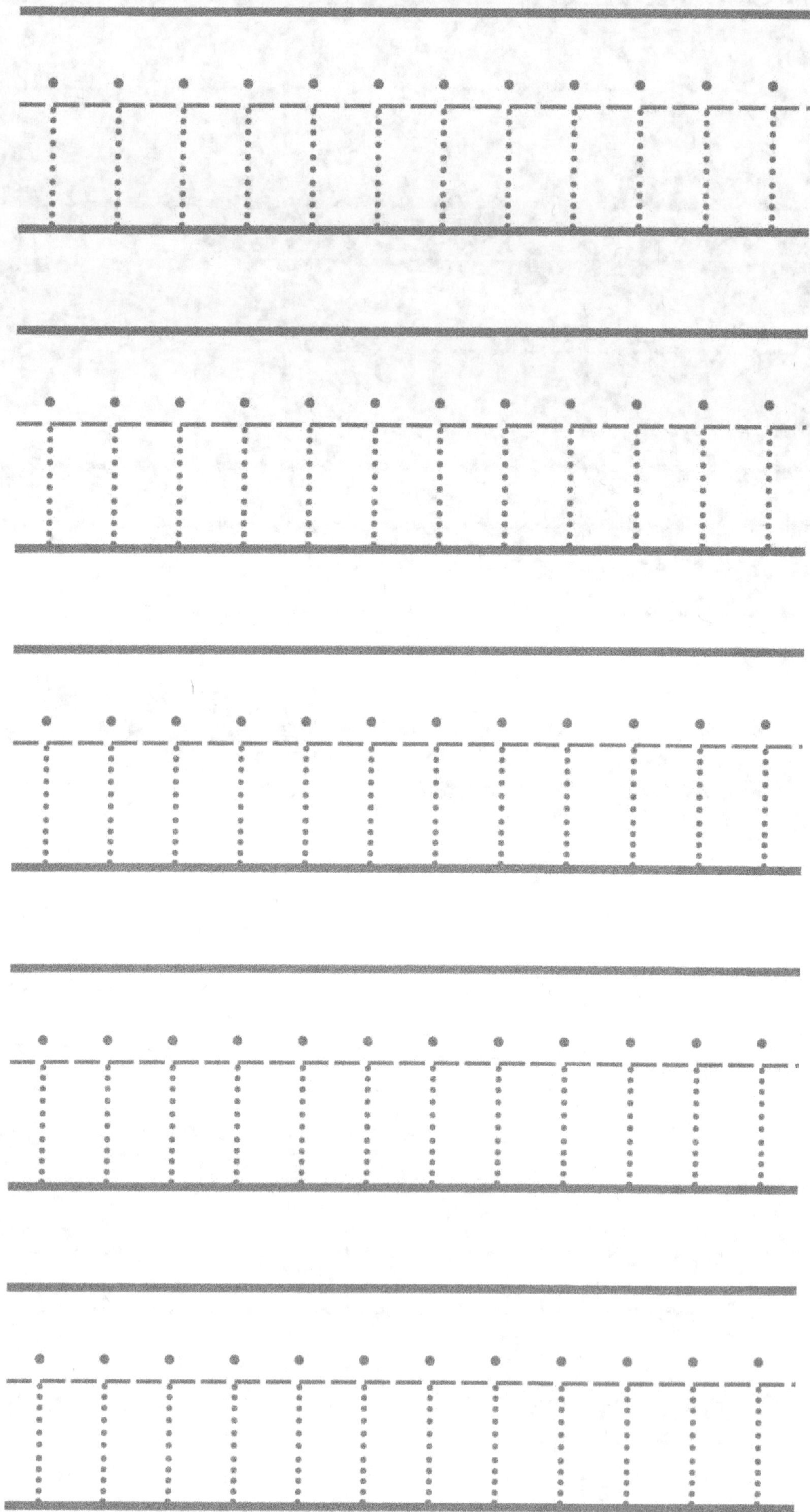

Jj
is for
Jaguar

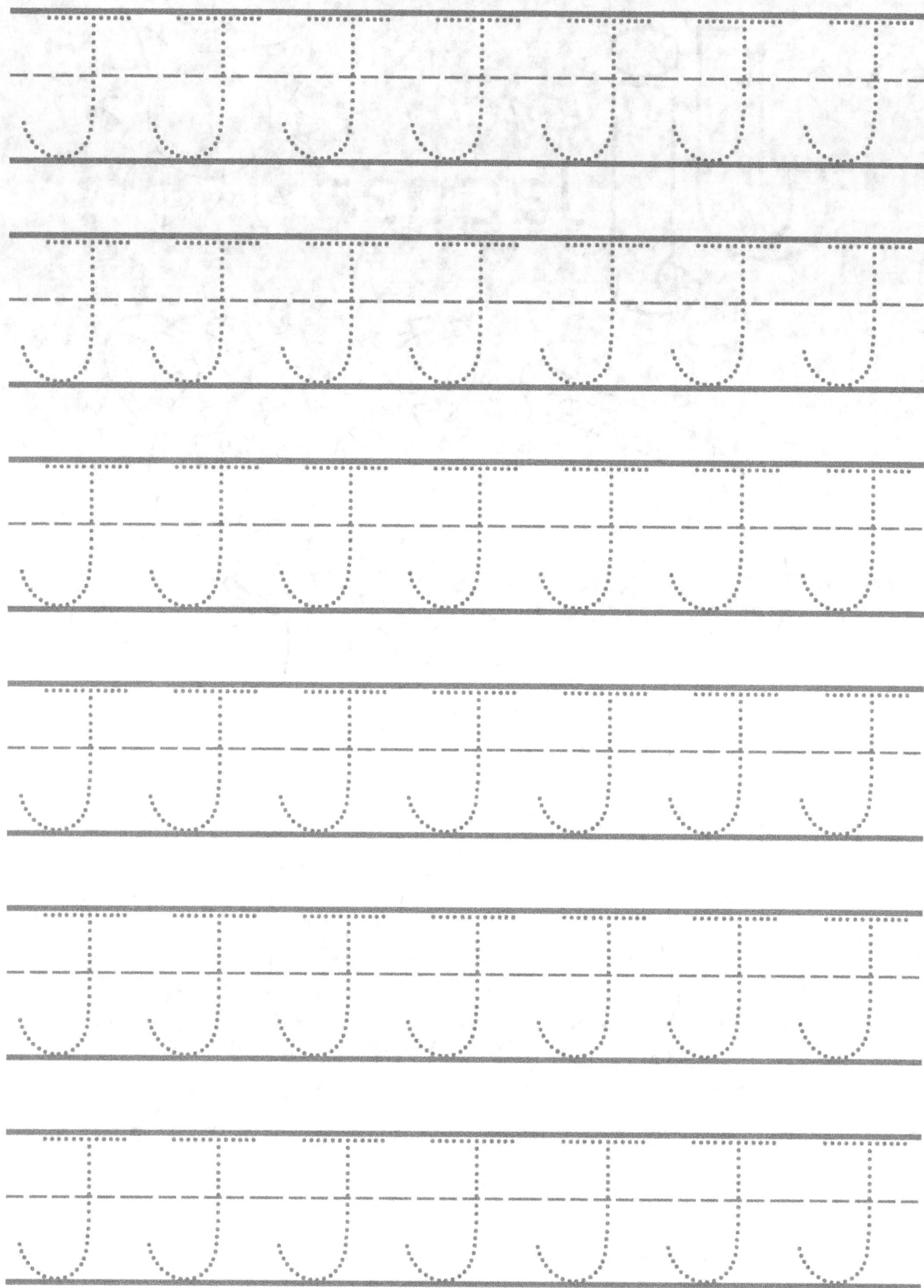

K k

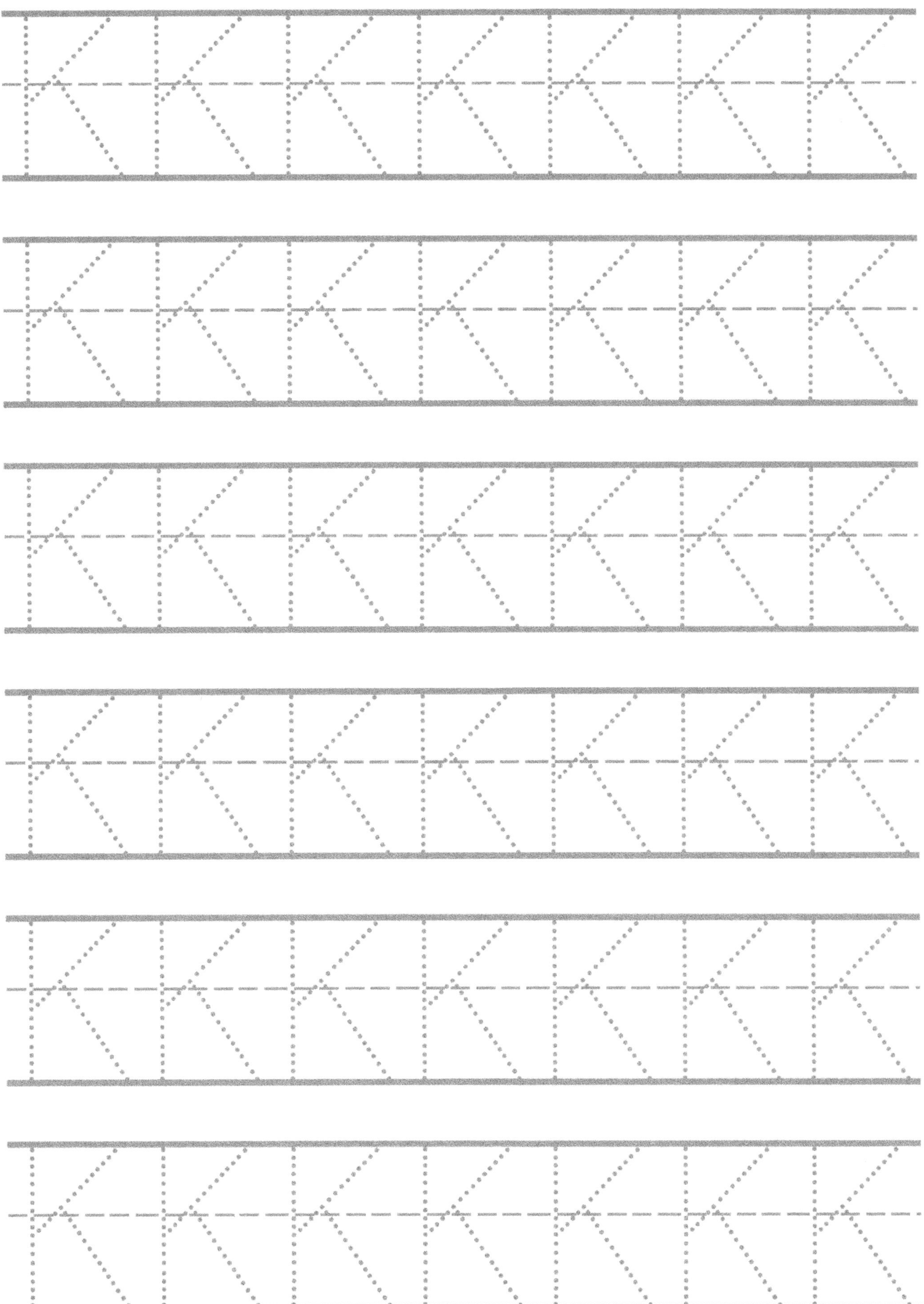

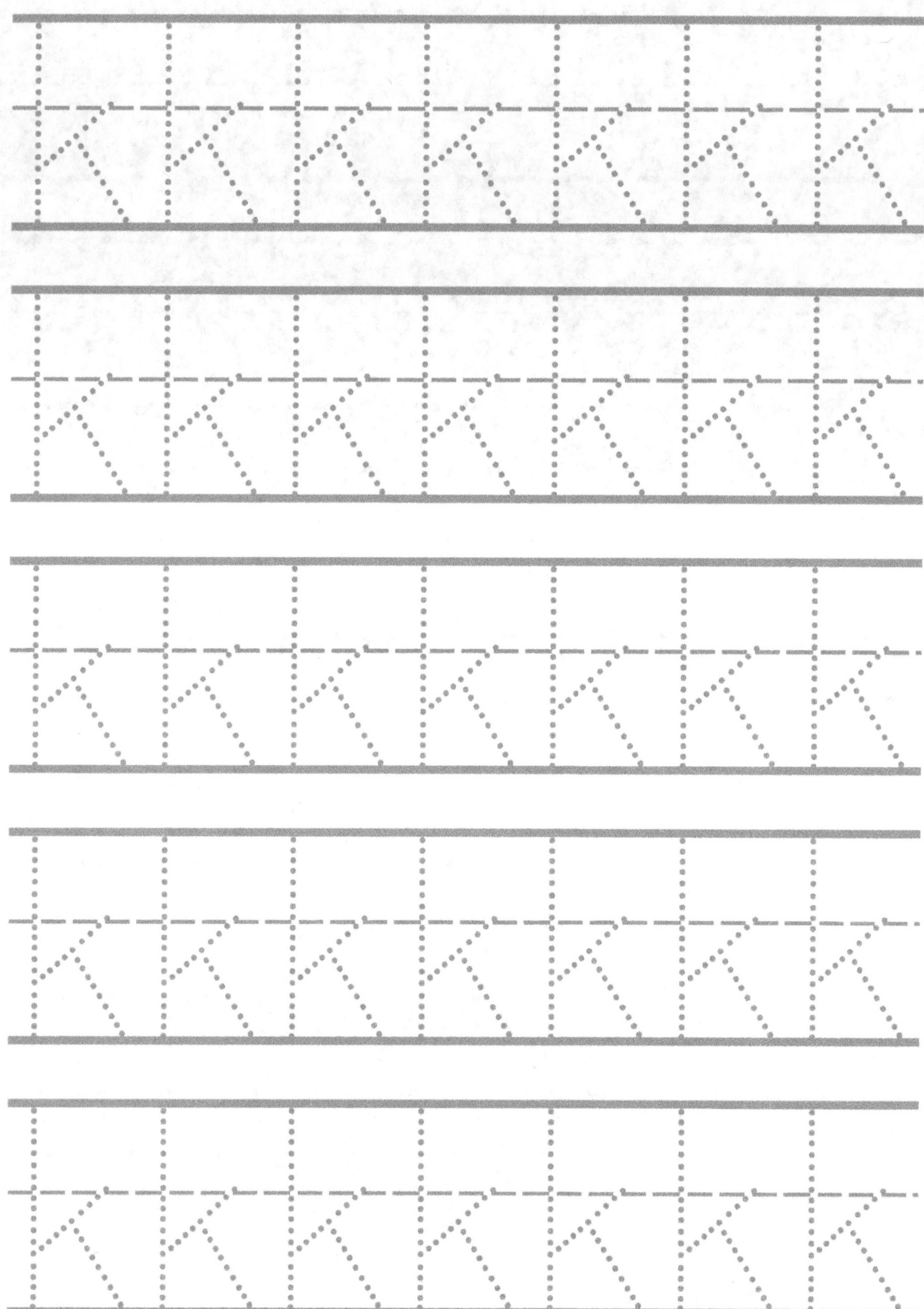

Ll
is for
Llama

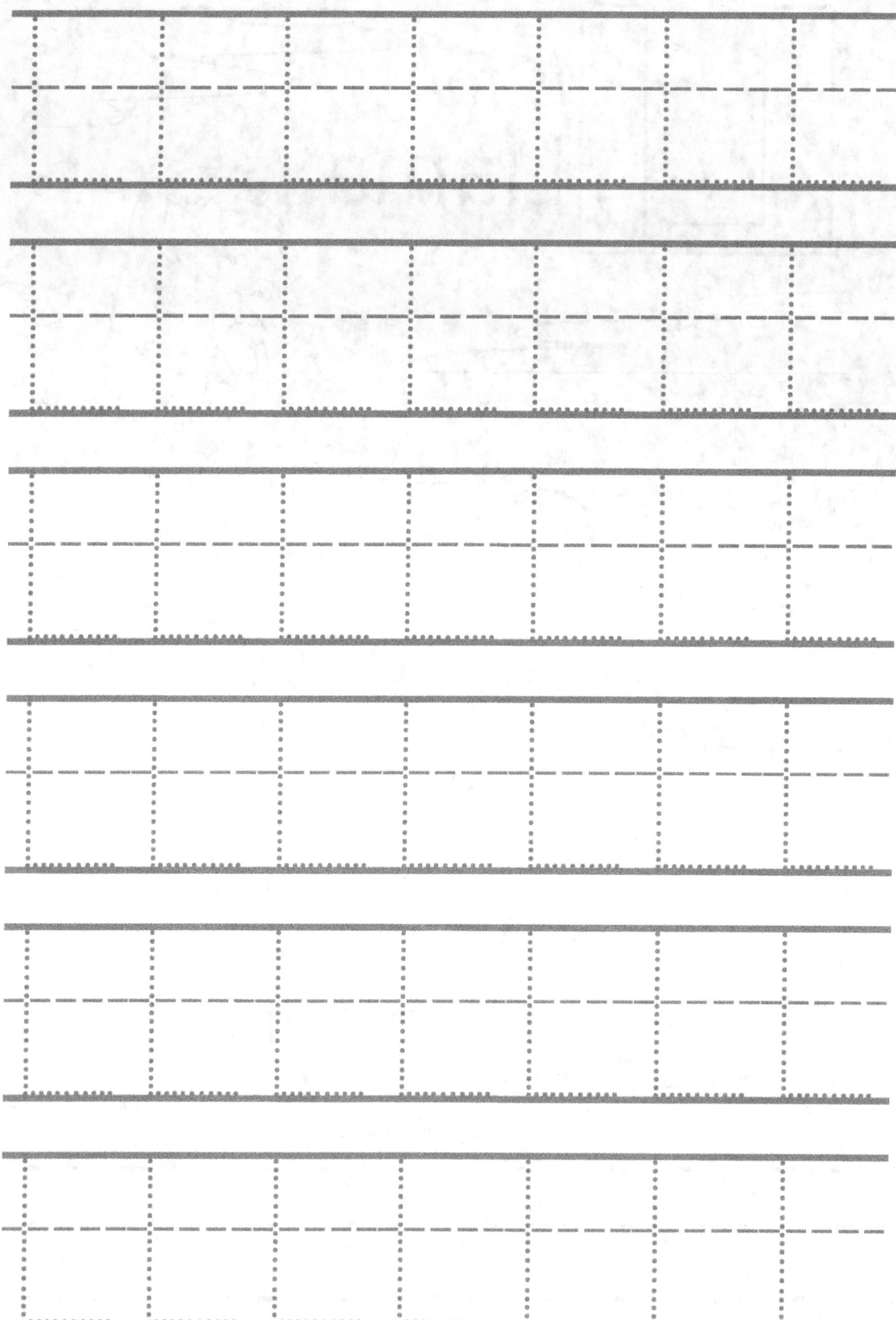

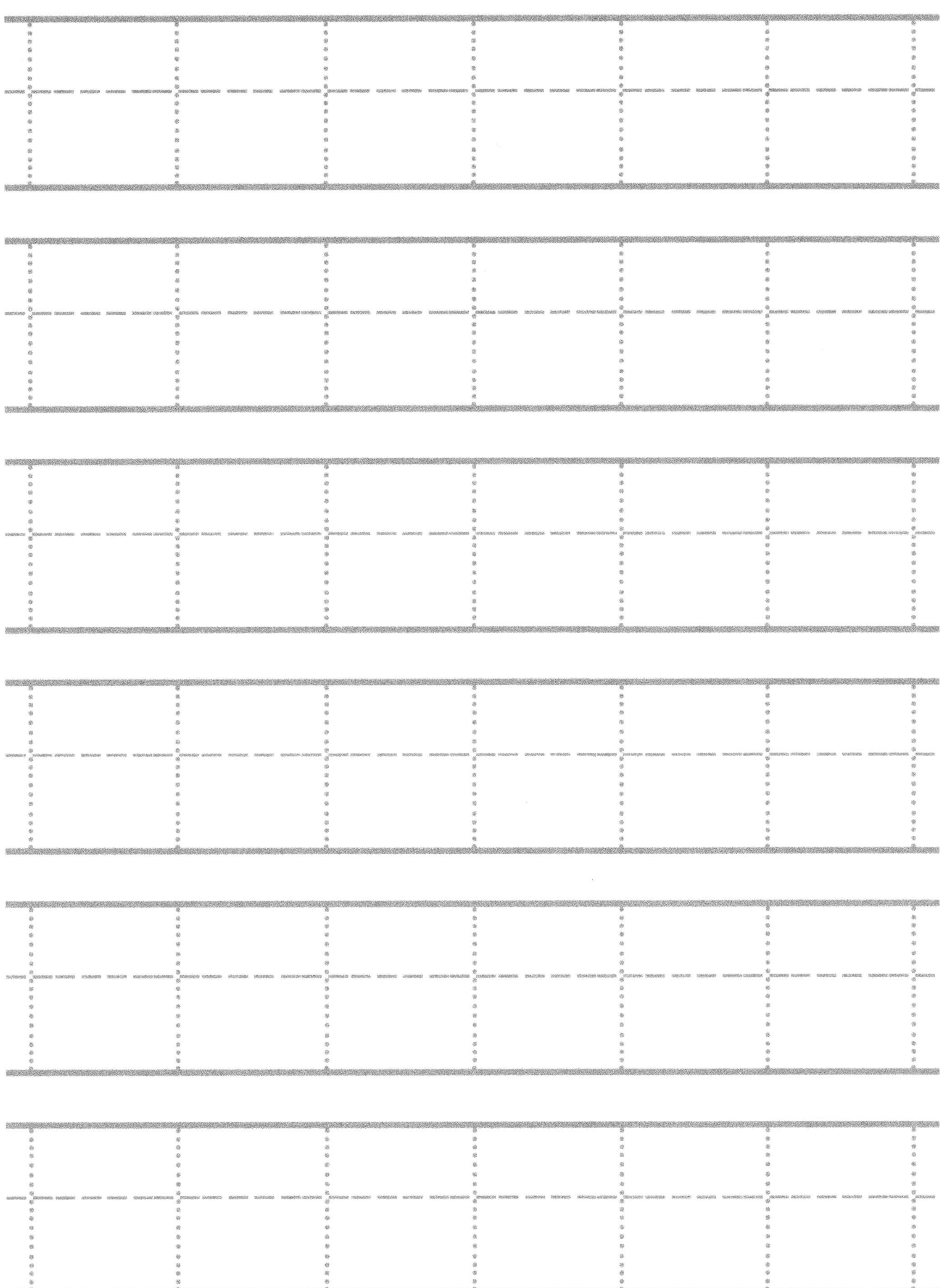

M m *is for* Mouse

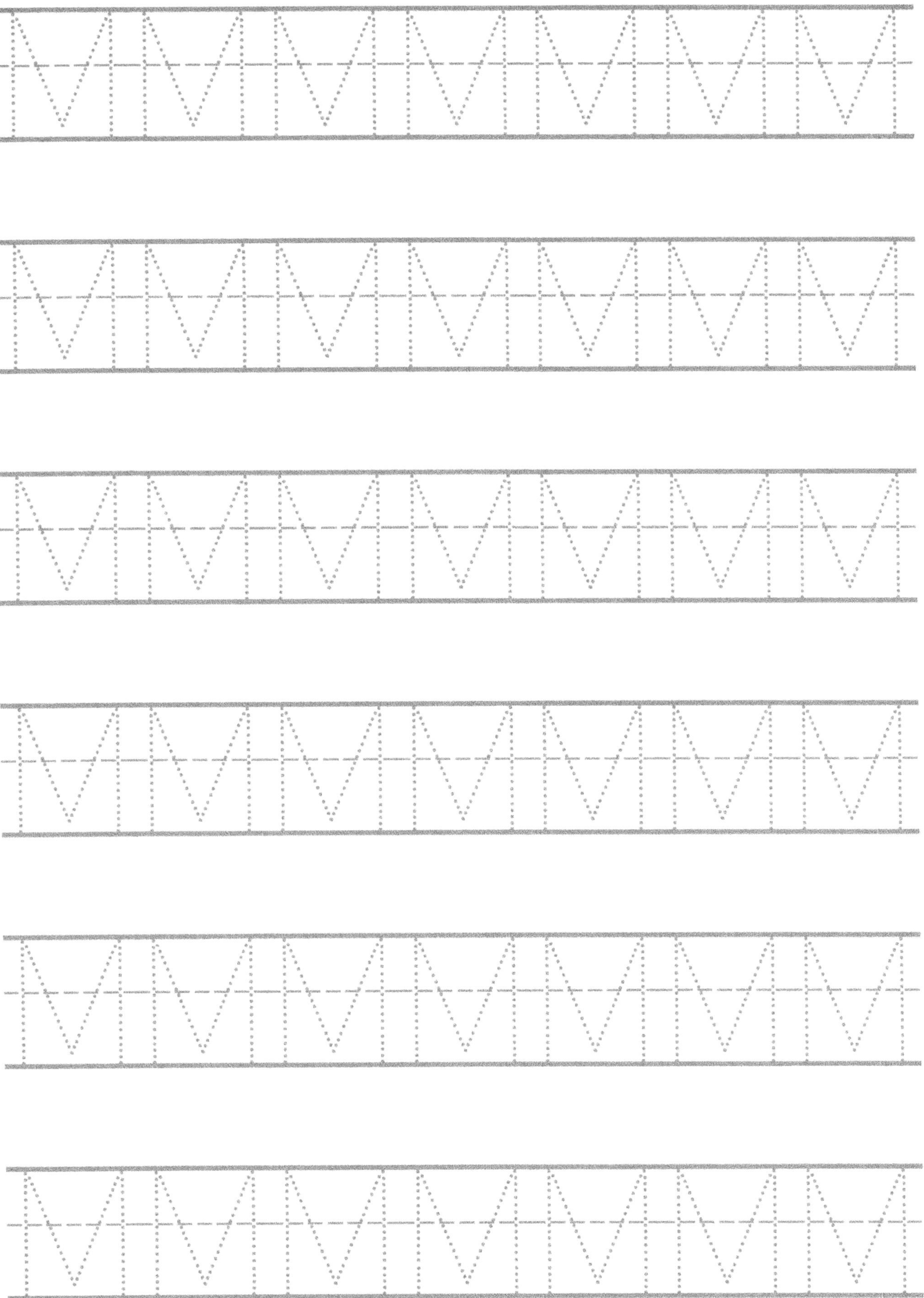

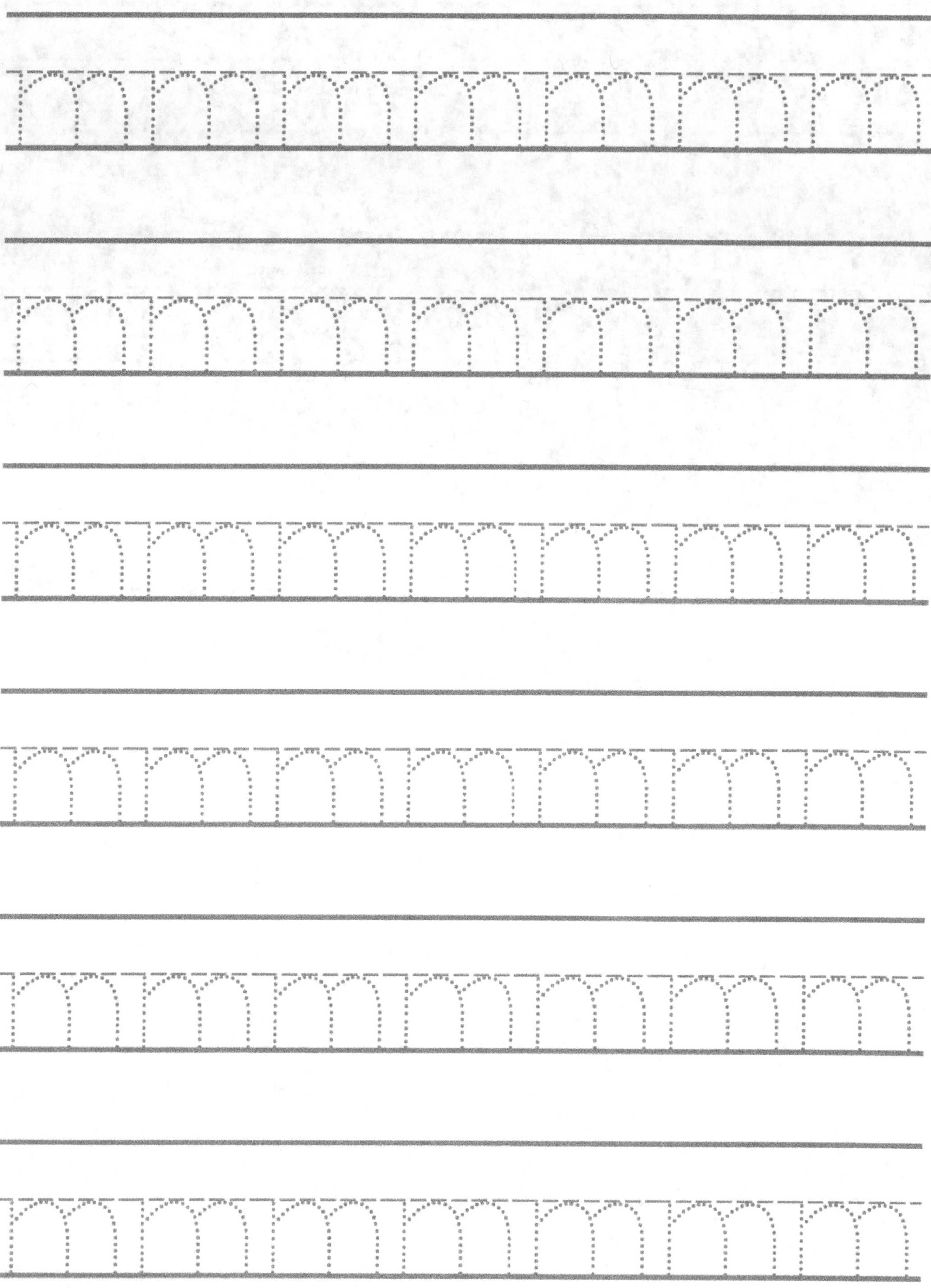

N n

is for Nest

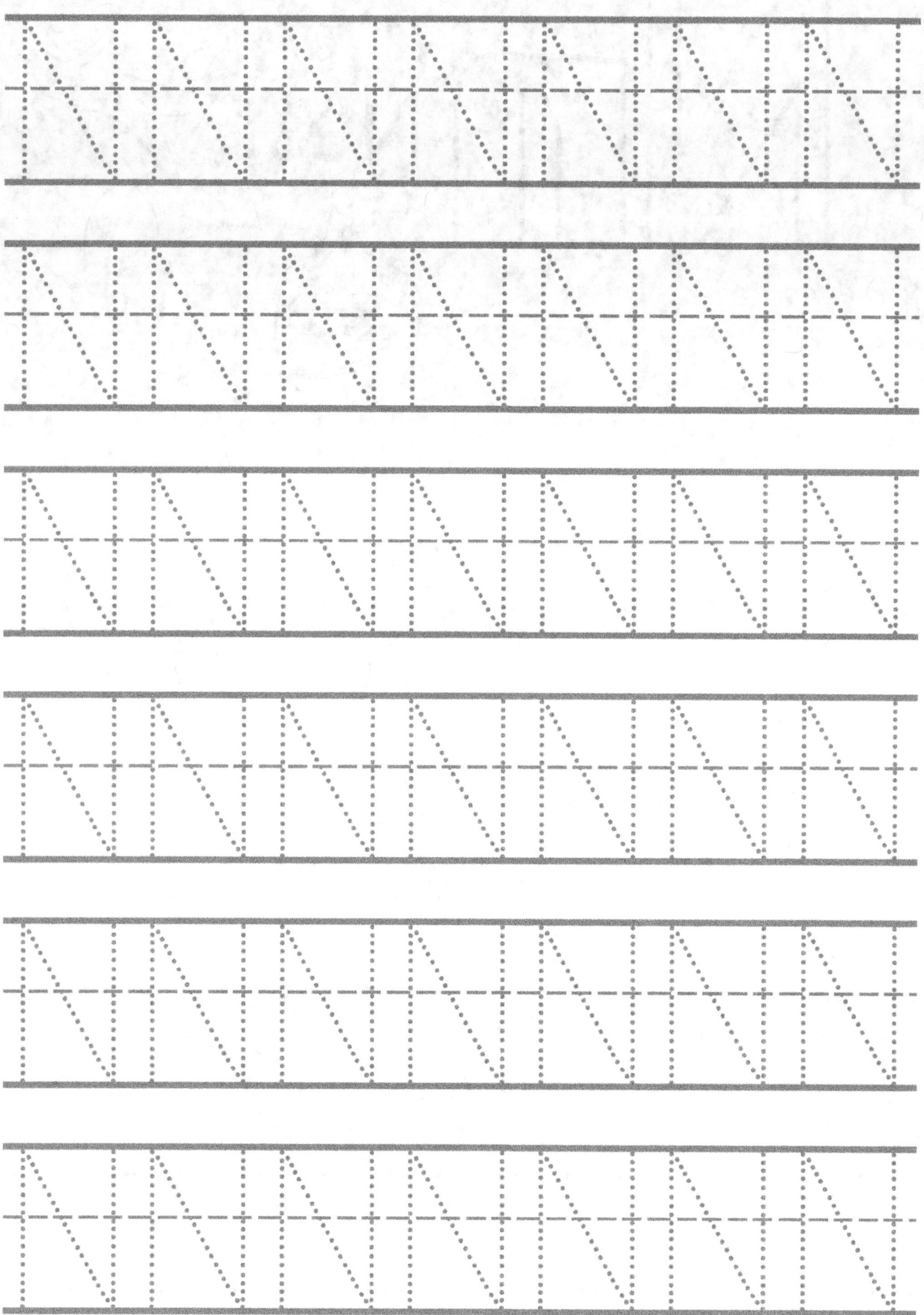

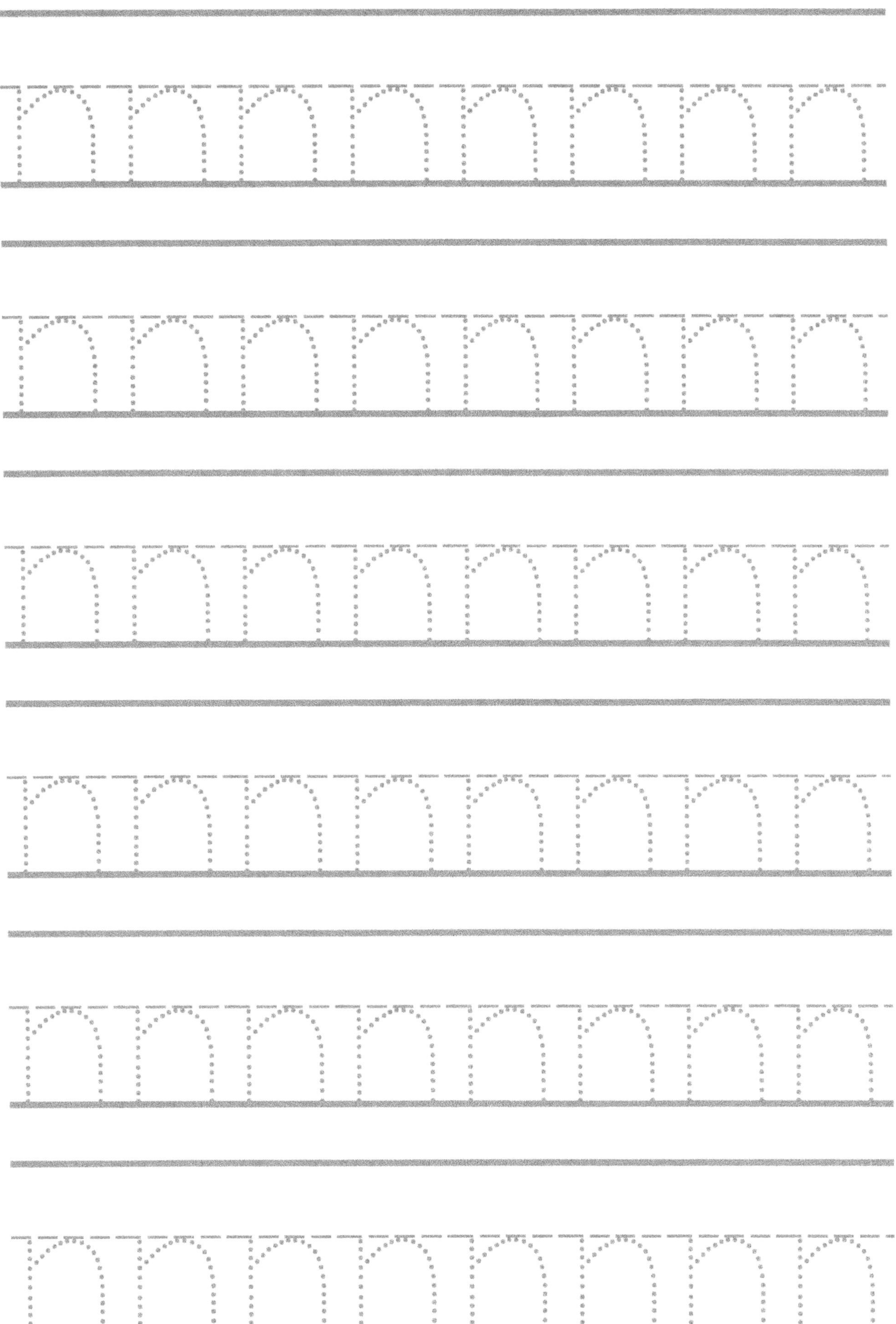

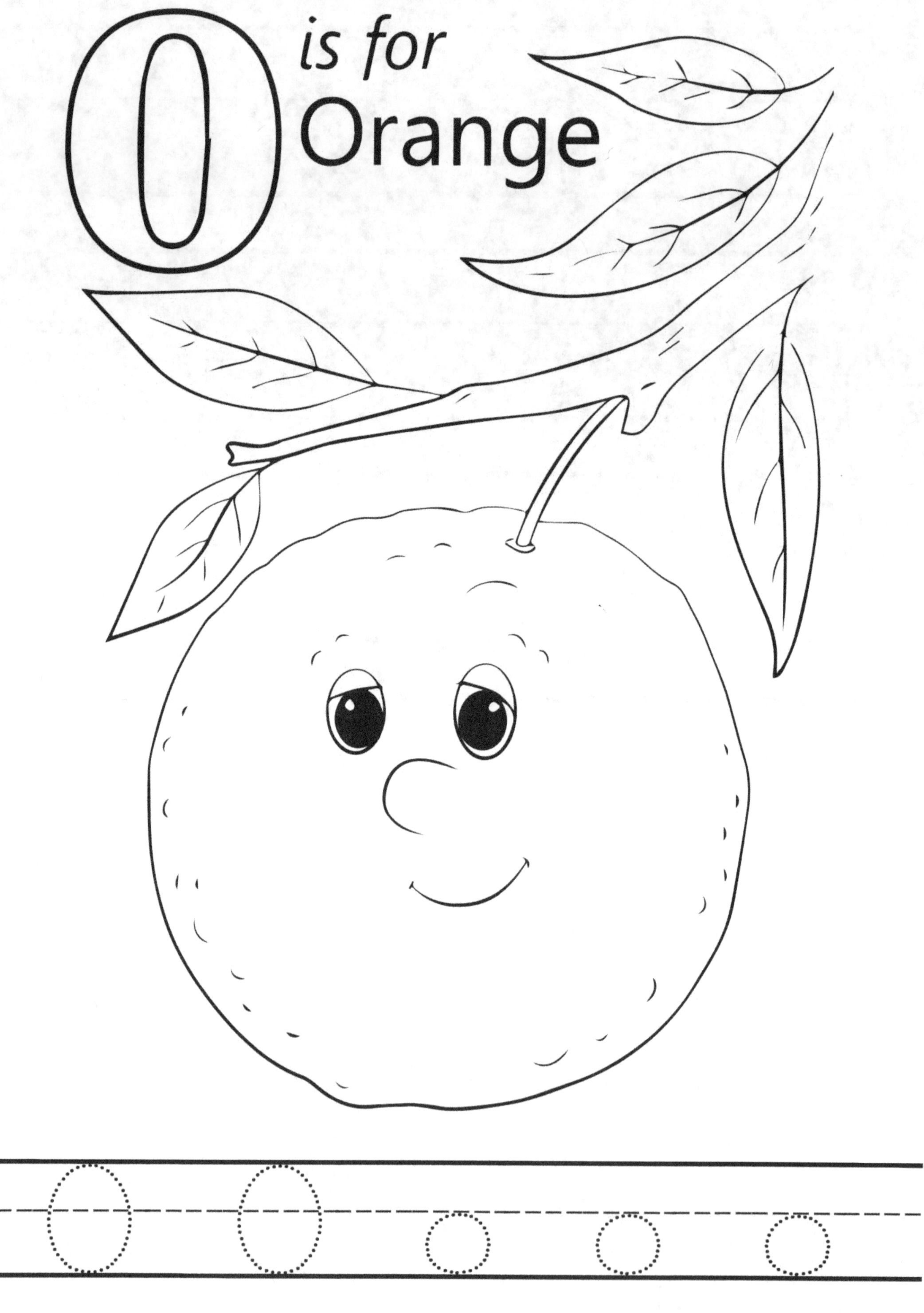

O is for
Orange

P p
is for
Parrot

Q q
is for
Quail

Q Q q q q q

a a a a a a a a

a a a a a a a a

a a a a a a a a

a a a a a a a a

a a a a a a a a

a a a a a a a a

R r is for Rabbit

R R R R R R R R

R R R R R R R R

R R R R R R R R

R R R R R R R R

R R R R R R R R

R R R R R R R R

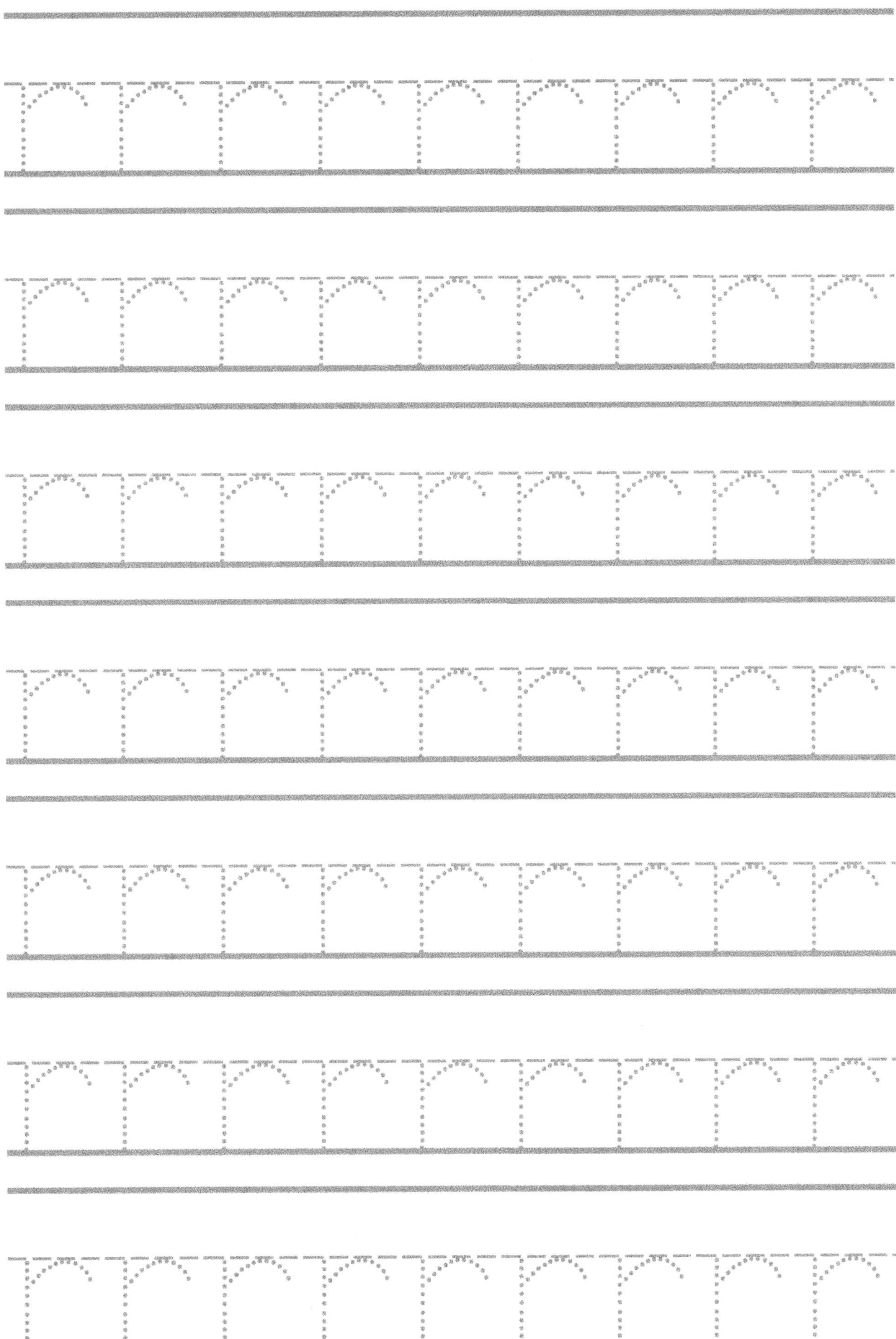

S is for Spider

S S S S S S S S

S S S S S S S S

S S S S S S S S

S S S S S S S S

S S S S S S S S

S S S S S S S S

S S S S S S S S S

S S S S S S S S S

S S S S S S S S S

S S S S S S S S S

S S S S S S S S S

S S S S S S S S S

Tt

is for
Turtle

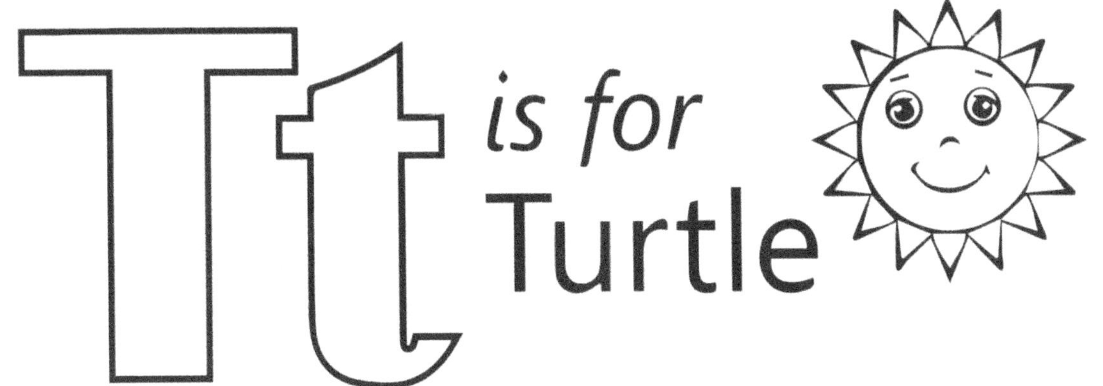

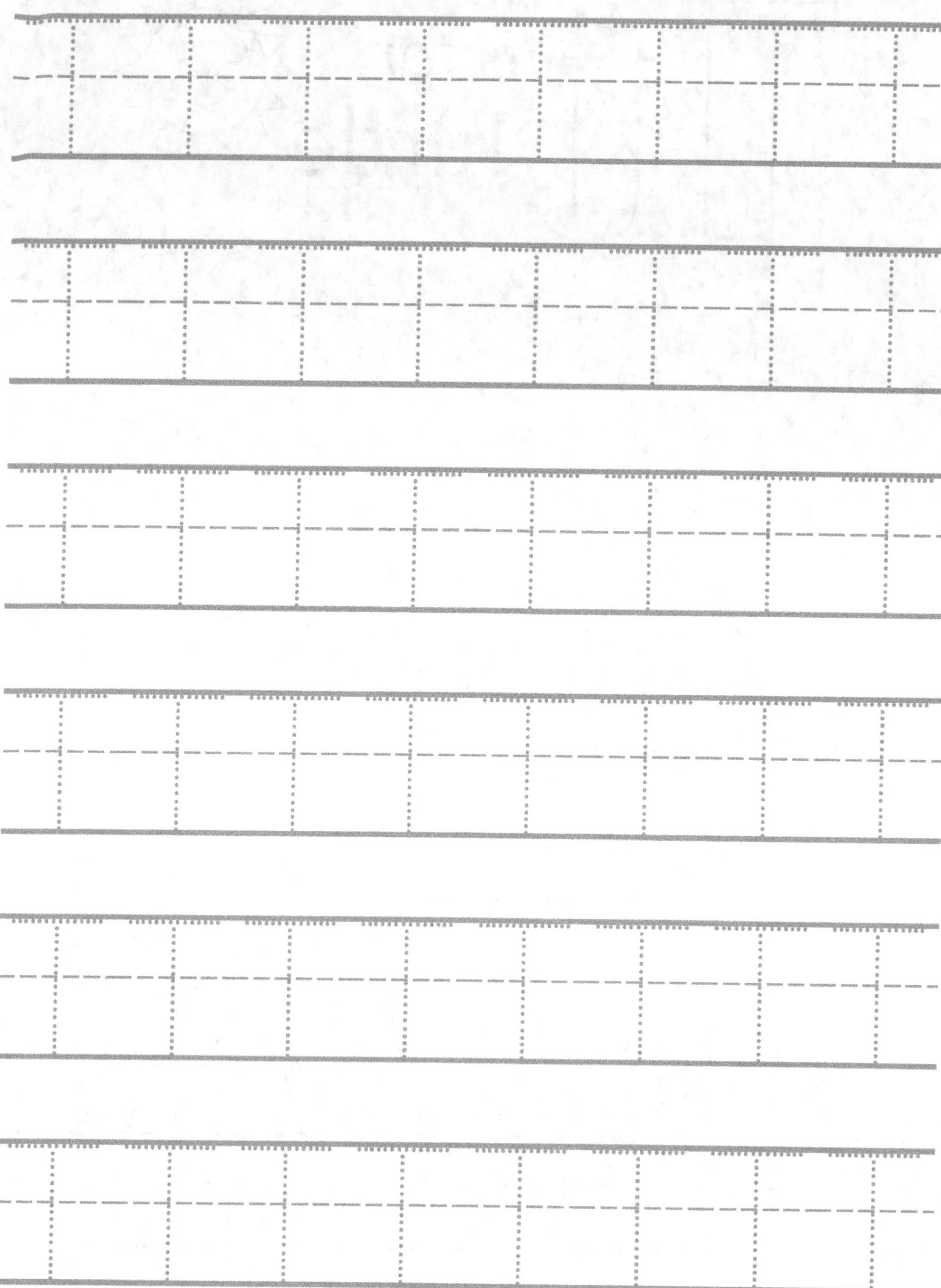

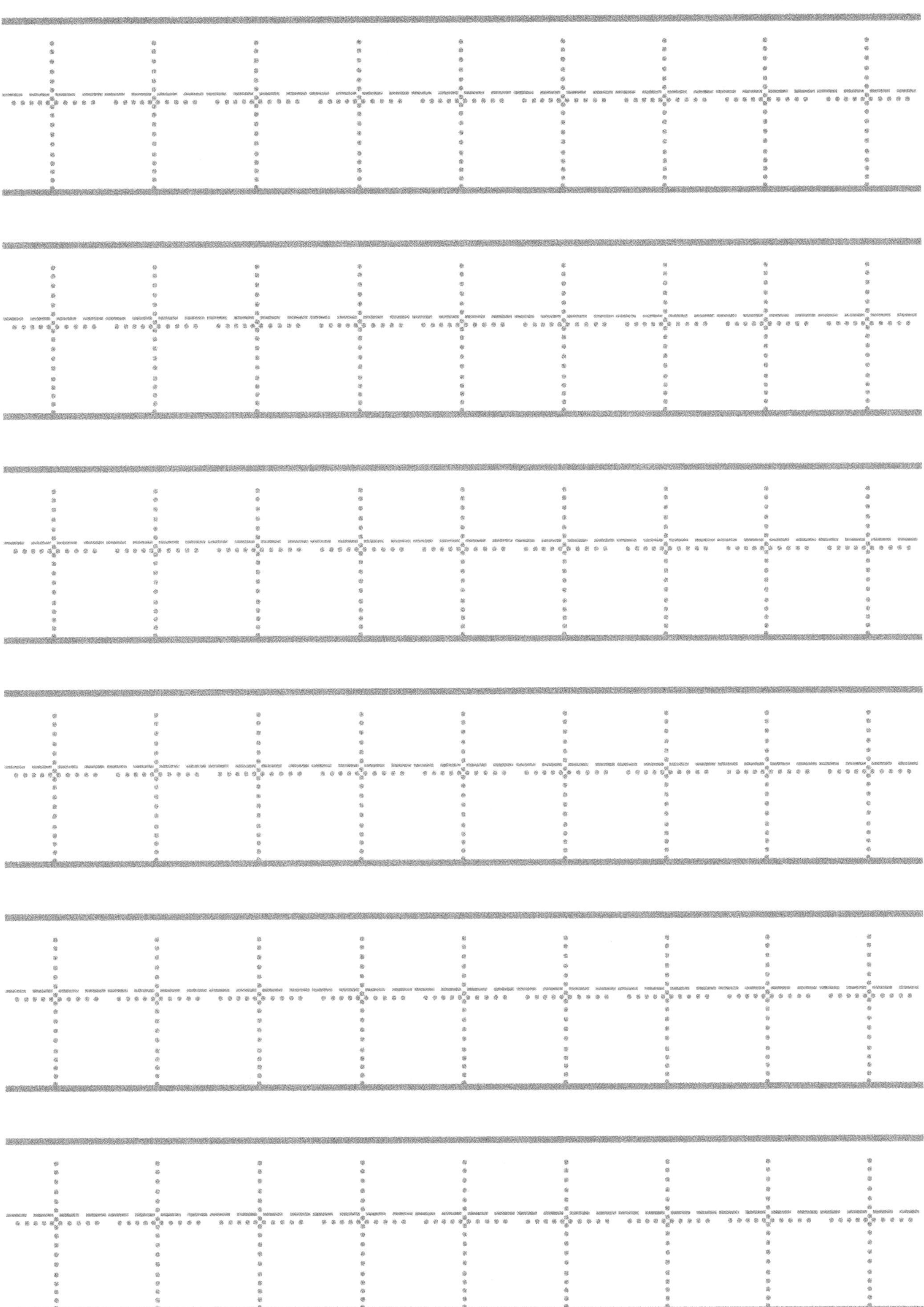

Uu
is for
Unicorn

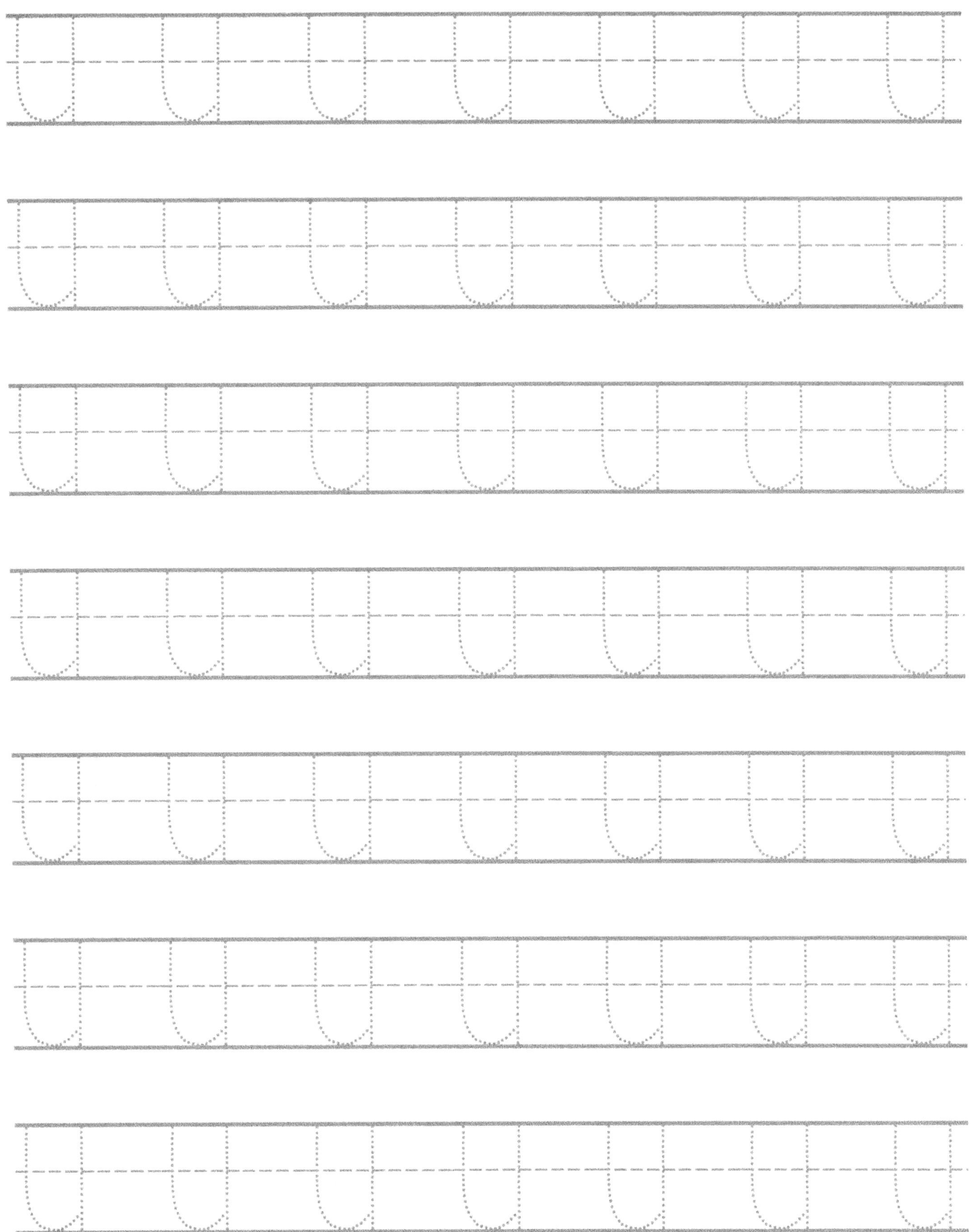

V is for Vase

W is for Worm

X is for Xylophone

Yy *is for* Yak

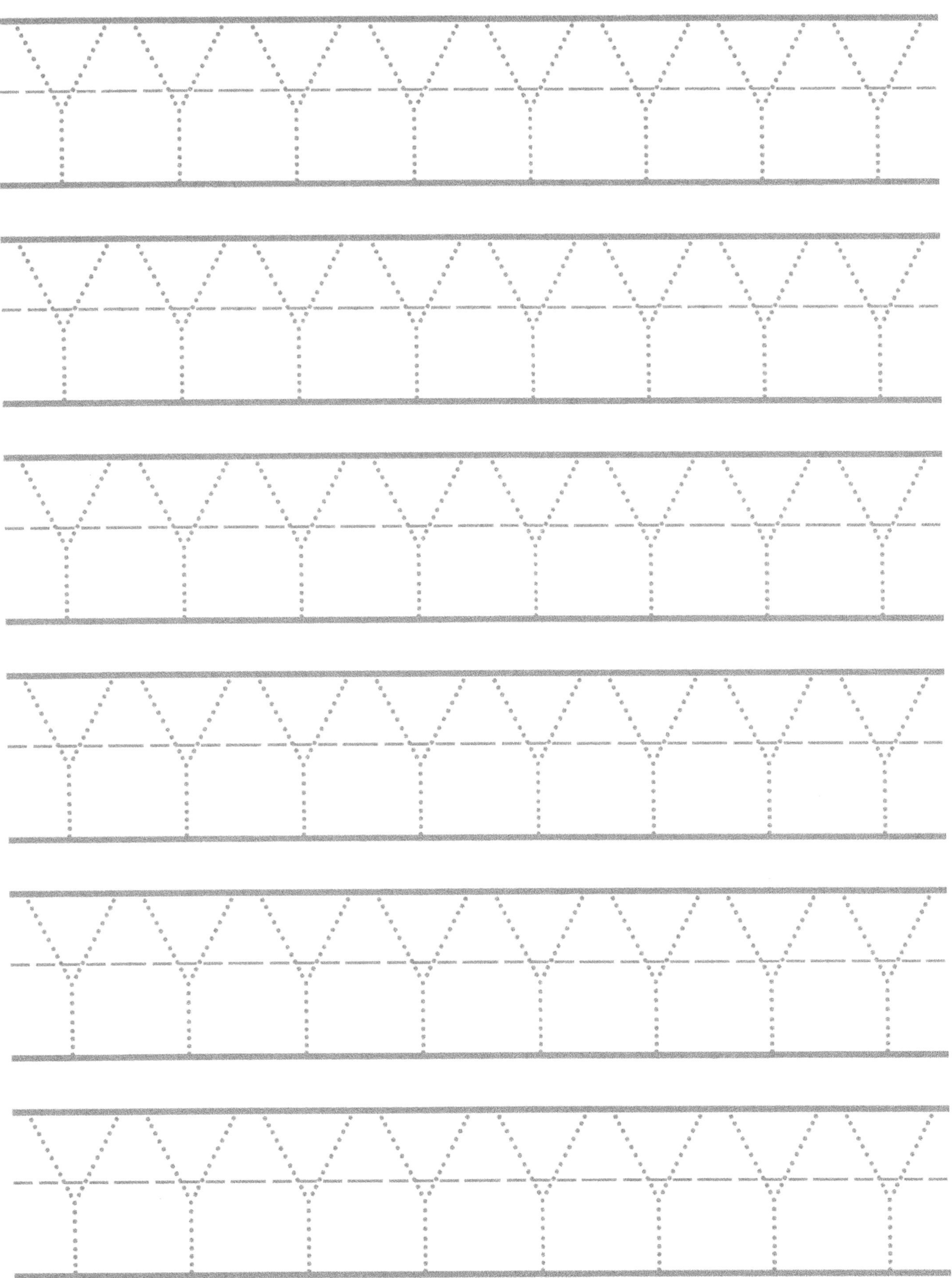

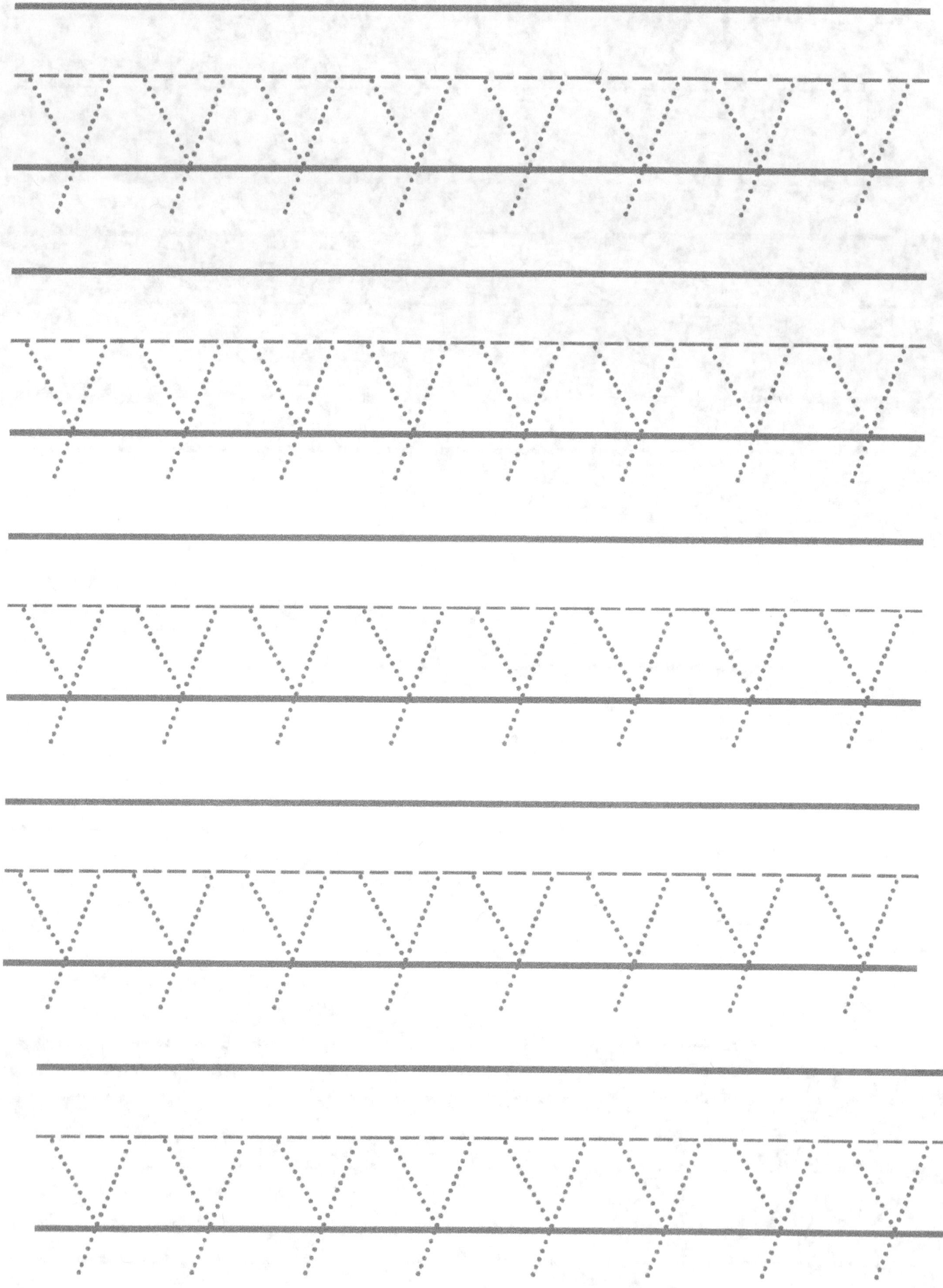

Z *is for* Zebra